Impressum
Verlag: BABADADA GmbH, Nedderfeld 112 , 22529 Hamburg
Geschäftsführer / Verlagsleitung: Harald Hof
Druck: Books on Demand GmbH, In de Tarpen 42, 22848 Norderstedt

Imprint
Publisher: BABADADA GmbH, Nedderfeld 112 , 22529 Hamburg, Germany
Managing Director / Publishing direction: Harald Hof
Print: Books on Demand GmbH, In de Tarpen 42, 22848 Norderstedt

בית ספר
colegio

כיתה
aula
חילק
dividir
186/2
לוח
pizarrón
patio de escuela
מורה
maestro
נייר
papel
כתב
escribir
עט
birome
שולחן עבודה
escritorio
סרגל
regla
ספר
libro
תלמיד
alumno

ילקוט
mochila

קלמר
caja de lápices

עיפרון
lápiz

מחדד
sacapuntas

גומי מחיקה
goma (de borrar)

חוברת סרטוט
bloc de dibujo

סרטוט

dibujo

מברשת

pincel

קופסת צבעים

caja de pinturas

מספריים

tijera

דבק

pegamento

ספר תרגול

cuaderno de ejercicios

שיעור בית

tarea

12

מספר

número

2+2

חיבר

sumar

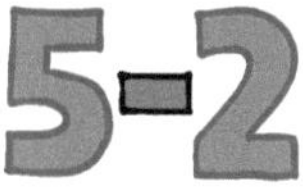

5-2

חיסר

restar

2×2

הכפיל

multiplicar

חישב

calcular

A

אות

letra

ABCDEFG
HIJKLMN
OPQRSTU
VWXYZ

אלפבית

abecedario

hello

מילה

palabra

טקסט

texto

קרא

leer

גיר

tiza

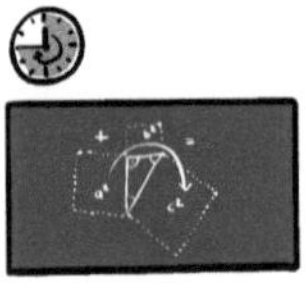

שיעור

lección

יומן נוכחות

cuaderno de clase

מבחן

examen

תעודה

certificado

תלבושת בית ספר

uniforme escolar

חינוך

educación

אנציקלופדיה

enciclopedia

אוניברסיטה

universidad

מיקרוסקופ

microscopio

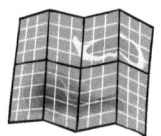

מפה

mapa

סל נייר

tacho (de basura)

נסיעה

viaje

מלון
hotel
הוסטל
hostel
המרת מטבע
casa de cambio
מזוודה
valija
אוטו
auto

שפה

idioma

כן / לא

sí / no

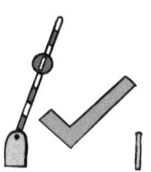

בסדר

Está bien

שלום

hola

מתרגם

traductor

תודה

Gracias

כמה עולה.....?

¿cuánto cuesta…?

אני לא מבין

No entiendo

בעיה

problema

ערב טוב!

¡Buenas tardes!

בוקר טוב!

¡Buenos días!

לילה טוב!

¡Buenas noches!

להתראות

adiós

כיוון

dirección

כבודה

equipaje

תיק

bolso

תרמיל גב

mochila

אורח

invitado

חדר

habitación

שק שינה

bolsa de dormir

אוהל

carpa

מרכז מידע לתיירים

información turística

חוף ים

playa

כרטיס אשראי

tarjeta de crédito

ארוחת בוקר

desayuno

ארוחת צהריים

almuerzo

ארוחת ערב

cena

כרטיס

pasaje

מעלית

ascensor

בול

sello

גבול

frontera

מכס

aduana

שגרירות

embajada

אשרה

visa

דרכון

pasaporte

מטוס
avión

אונייה
barco

כבאית
autobomba

אוטובוס
colectivo

משאית
camión

סירת מנוע
lancha a motor

אופניים
bicicleta

אוטו
auto

מעבורת
ferry

סירה
bote

אופנוע
moto

ניידת משטרה
patrullero

מכונית מרוץ
auto de carreras

רכב שכור
auto de alquiler

מכוניות בשיתוף

alquiler de autos

אוטו גרר

grúa

משאית זבל

camión de basura

מנוע

motor

דלק

nafta

תחנת דלק

estación de servicio

תמרור

señal de tránsito

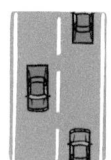

תנועה

tránsito

פקק תנועה

embotellamiento

חניה

estacionamiento

תחנת רכבת

estación de tren

פסי רכבת

vías

רכבת

tren

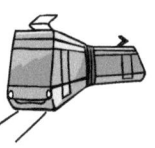

רכבת קלה

tranvía

קרון

vagón

מסוק

helicóptero

שדה-תעופה

aeropuerto

מגדל

torre

נוסע

pasajero

קונטיינר

contenedor

קרטון

caja de cartón

עגלה

carretilla

סל

canasta

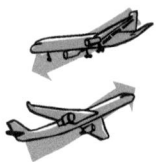

המראה / נחיתה

despegar / aterrizar

עיר

ciudad

כפר

pueblo

מרכז העיר

centro de ciudad

בית

casa

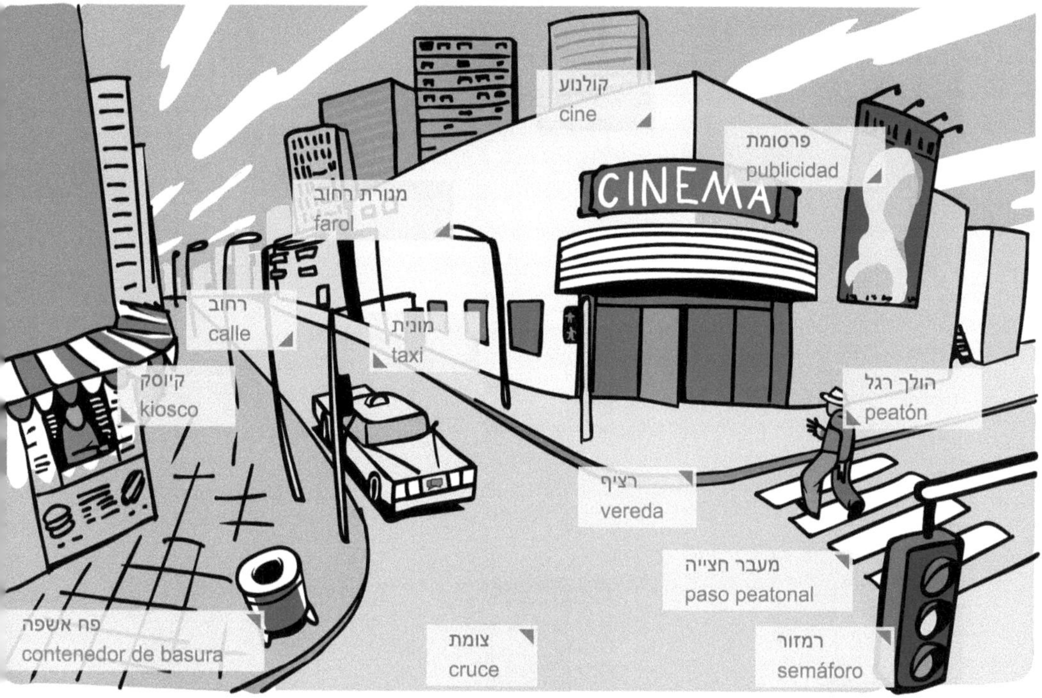
קולנוע
cine
CINEMA
פרסומת
publicidad
מנורת רחוב
farol
רחוב
calle
מונית
taxi
קיוסק
kiosco
הולך רגל
peatón
רציף
vereda
מעבר חצייה
paso peatonal
פח אשפה
contenedor de basura
צומת
cruce
רמזור
semáforo

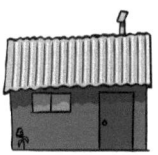

בקתה

cabaña

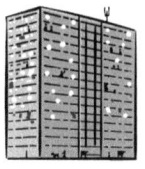

דירה

departamento

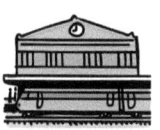

תחנת רכבת

estación de tren

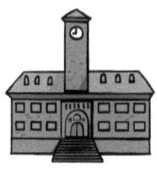

עירייה

municipalidad

MUSEUM

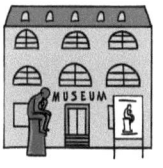

מוזיאון

museo

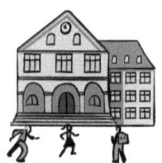

בית ספר

colegio

אוניברסיטה

universidad

בנק

banco

בית חולים

hospital

מלון

hotel

בית מרקחת

farmacia

משרד

oficina

חנות ספרים

librería

חנות

negocio

חנות פרחים

florería

סופרמרקט

supermercado

שוק

mercado

כל-בו

grandes tiendas

מוכר דגים

pescadería

קניון

centro comercial

נמל

puerto

פארק

parque

ספסל

banco

גשר

puente

מדרגות

escaleras

רכבת תחתית

subte

מנהרה

túnel

תחנת אוטובוס

parada del colectivo

בר

bar

מסעדה

restaurante

תא דואר

buzón

שלט רחוב

letrero

מדחן

parquímetro

גן חיות

zoológico

בריכת שחיה

pileta

מסגד

mezquita

חווה

granja

זיהום

contaminación

בית עלמין

cementerio

כנסייה

iglesia

מגרש משחקים

juegos infantiles

בית מקדש

templo

נוף

paisaje

עלה
hoja

תמרור
poste indicador

דרך
camino

מרעה
pradera

אבן
piedra

עץ
árbol

מטייל
excursionista

נהר
río

דשא
hierba

פרח
flor

בקעה

valle

הר

montaña

אגם

lago

יער

bosque

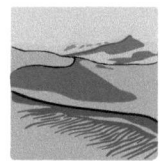

מדבר

desierto

הר געש

volcán

טירה

castillo

קשת בענן

arco iris

פטריה

champiñón

דקל

palmera

יתוש

mosquito

זבוב

mosca

נמלה

hormiga

דבורה

abeja

עכביש

araña

חיפושית

escarabajo

צפרדע

rana

סנאי

ardilla

קיפוד

erizo

ארנב

liebre

ינשוף

lechuza

ציפור

pájaro

ברבור

cisne

חזיר בר

jabalí

צבי

ciervo

אייל הקורא

alce

סכר

presa

טורבינת רוח

aerogenerador

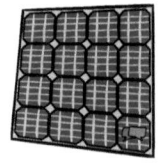

פנל סולארי

panel solar

אקלים

clima

מסעדה
restaurante

מלצר
mozo
תפריט
menú
כסא
silla
מרק
sopa
פיצה
pizza
סכו"ם
cubiertos
מפת שולחן
mantel

מנת פתיחה

entrada

מנה עיקרית

plato principal

קינוח

postre

שתיות

bebidas

אוכל

comida

בקבוק

botella

מזון מהיר

comida rápida

אוכל רחוב

comida callejera

קנקן תה

tetera

מסכרת

azucarera

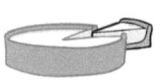

מנה

porción

מכונת אספרסו

cafetera expreso

כסא תינוק

sillita alta

חשבון

cuenta

מגש

bandeja

סכין

cuchillo

מזלג

tenedor

כף

cuchara

כפית

cucharita

מפית

servilleta

כוס

vaso

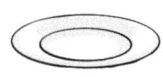

צלחת

plato

קערת מרק

plato hondo

תחתית

plato

רוטב

salsa

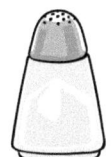

מלחייה

salero

מטחנת פלפל

molinillo de pimienta

חומץ

vinagre

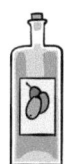

שמן

aceite

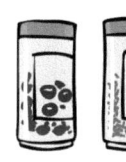

תבלינים

especias

קטשופ

kétchup

חרדל

mostaza

מיונז

mayonesa

סופרמרקט
supermercado

מבצע
oferta especial
לקוח
cliente
מוצרי חלב
lácteos
פירות
fruta
עגלת קניות
changuito

אטליז

carnicería

מאפייה

panadería

שקל

pesar

ירקות

verduras

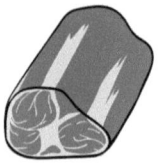

בשר

carne

מזון קפוא

alimentos congelados

בשר קר

fiambres

שימורים

alimentos enlatados

אבקת כביסה

detergente en polvo

ממתקים

golosinas

מוצרי בית

electrodomésticos

חומר ניקוי

productos de limpieza

מוכרת

vendedora

קופה

caja

קופאי

cajero

רשימת קניות

lista de compras

שעות פתיחה

horario de atención

ארנק

billetera

כרטיס אשראי

tarjeta de crédito

תיק

cartera

שקית נילון

bolsa de plástico

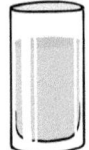

שתיות
bebidas

מים

agua

מיץ

jugo

חלב

leche

קולה

bebida cola

יין

vino

בירה

cerveza

אלכוהול

alcohol

קקאו

cacao

תה

té

קפה

café

אספרסו

café expreso

קפוצ'ינו

cappuccino

בננה

banana

תפוח

manzana

תפוז

naranja

אבטיח

melón

לימון

limón

גזר

zanahoria

שום

ajo

במבוק

bambú

בצל

cebolla

פטריות

champiñón

אגוזים

nueces

אטריות

fideos

ספגטי

tallarines

אורז

arroz

סלט

ensalada

צ'יפס

papas fritas

צ'יפס

papas fritas

פיצה

pizza

המבורגר

hamburguesa

כריך

sándwich

שניצל

churrasco

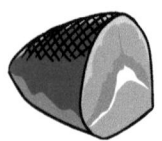

שינקין

jamón

סלאמי

salame

נקניקיה

salchicha

עוף

pollo

טיגון

asado

דג

pescado

שיבולת שועל

copos de avena

מוזלי

muesli

קורנפלקס

copos de maíz

קמח

harina

קרואסון

medialuna

לחמנייה

pancito

לחם

pan

טוסט

tostada

עוגיות

galletitas

חמאה

manteca

גבינה לבנה

cuajada

עוגה

torta

ביצה

huevo

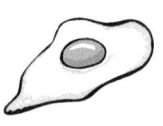

ביצת עין

huevo frito

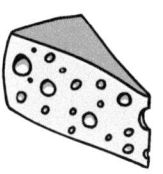

גבינה

queso

דבש

miel

סוכר

azúcar

גלידה

helado

קארי

curry

ממרח נוגט

pasta de chocolate

ריבה

mermelada

חווה
granja

granja
אסם
granero
חבילת שחת
fardo de paja
שדה
campo
סוס
caballo
עגלת נגרר
remolque
סייח
potrillo
טרקטור
tractor
חמור
burro
כבש
oveja
טלה
cordero

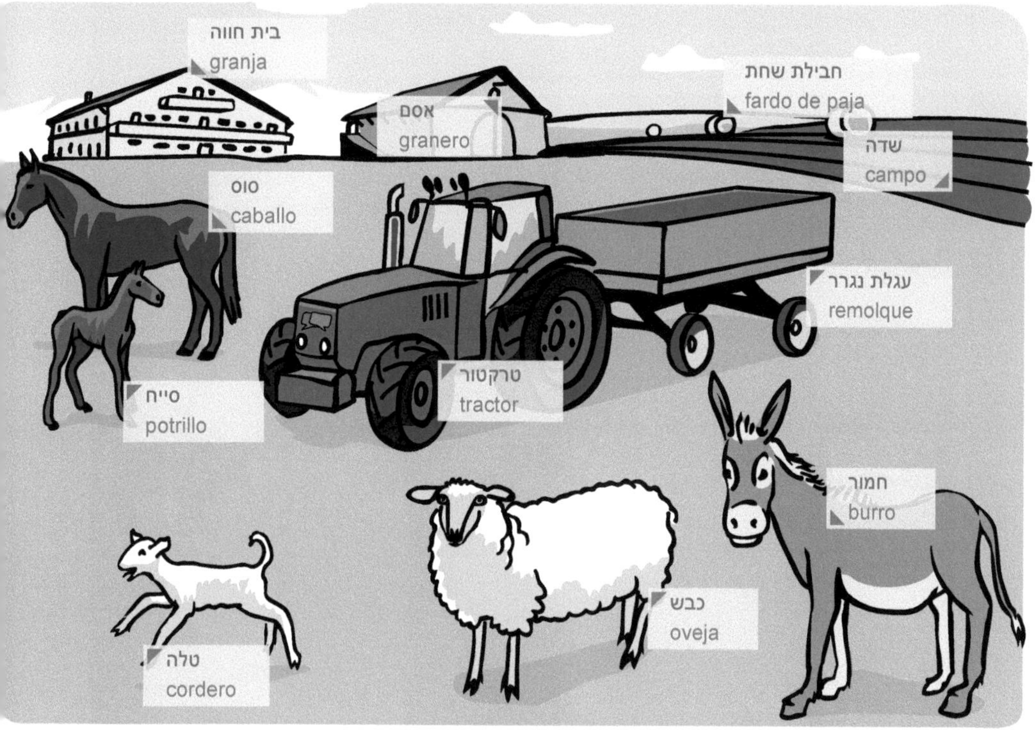

עז
cabra

פרה
vaca

עגל
ternero

חזיר
cerdo

חזרזיר
lechón

שור
toro

אווז

ganso

ברווז

pato

אפרוח

pollo

תרנגולת

gallina

תרנגול

gallo

חולדה

rata

חתול

gato

עכבר

ratón

שור

buey

כלב

perro

מלונה

cucha

צינור השקיה

manguera

קנקן מים

regadera

חרמש

guadaña

מחרשה

arado

מגל

hoz

מגרפה

azada

קלשון

horquilla

גרזן

hacha

מריצה

carretilla

שוקת

abrevadero

כד חלב

lechera

שק

bolsa

גדר

reja

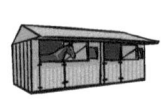

אורווה

establo

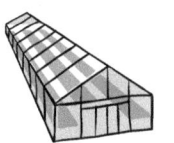

חממה

invernadero

אדמה

suelo

זרע

semilla

דשן

fertilizador

מקצרה

cosechadora

קצר

cosechar

קציר

cosecha

בטטה אפריקנית

batatas

חיטה

trigo

סויה

soja

תפוח אדמה

papa

תירס

maíz

קנולה

semilla de colza

עץ פירות

árbol frutal

קסבה

mandioca

דגנים

cereales

בית
casa

ארובה
chimenea
גג
techo
מרזב
caño de desagüe
חלון
ventana
מוסך
garaje
פעמון
timbre
דלת
puerta
פח אשפה
tacho de basura
תיבת מכתבים
buzón
גינה
jardín

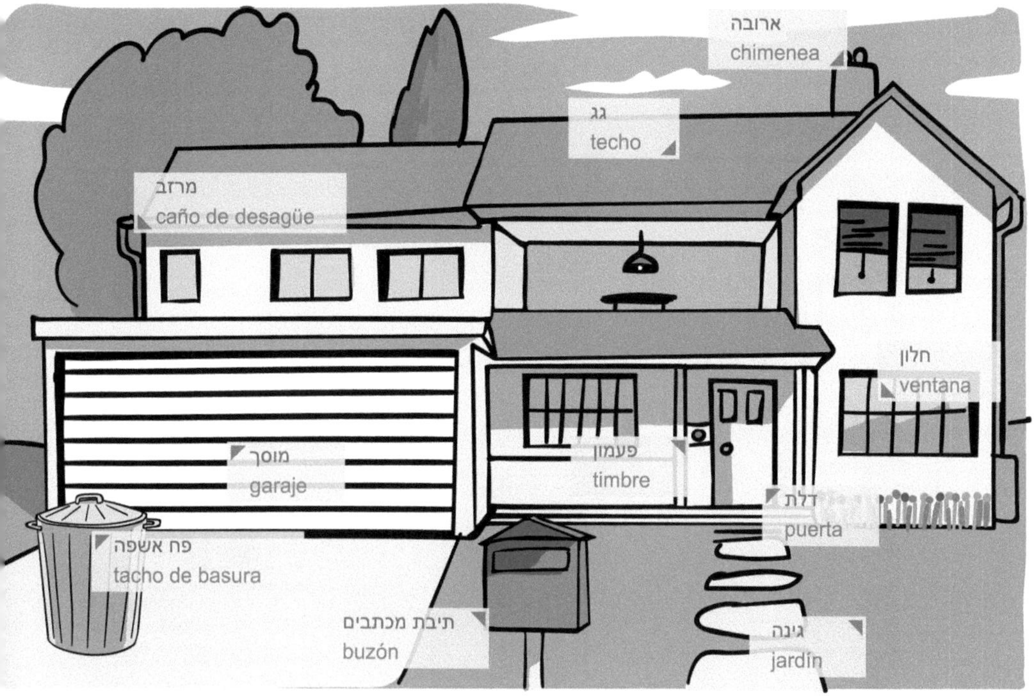

סלון
....
living

חדר אמבטיה
....
baño

מטבח
....
cocina

חדר שינה
....
dormitorio

חדר ילדים
....
cuarto de los chicos

חדר אוכל
....
comedor

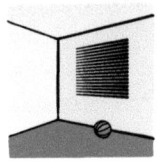

רצפה
....
piso

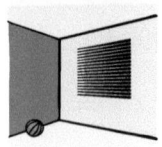

קיר
....
pared

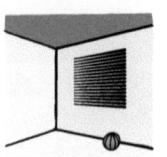

תקרה
....
cielorraso

מרתף
....
sótano

סאונה
....
sauna

מרפסת
....
balcón

מרפסת
....
terraza

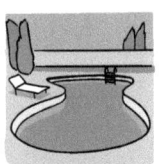

בריכה
....
pileta

מכסחת דשא
....
cortadora de pasto

סדין
....
sábana

כיסוי מיטה
....
acolchado

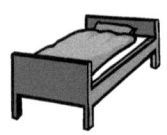

מיטה
....
cama

מטאטא
....
escoba

דלי
....
balde

מפסק
....
interruptor

סלון
living

טפט
empapelado
תמונה
imagen
מנורה
lámpara
מדף
estante
ארון
armario
טלוויזיה
televisión
אח
chimenea
פרח
flor
כרית
almohadón
ספה
sofá
אגרטל
florero
שלט רחוק
control remoto

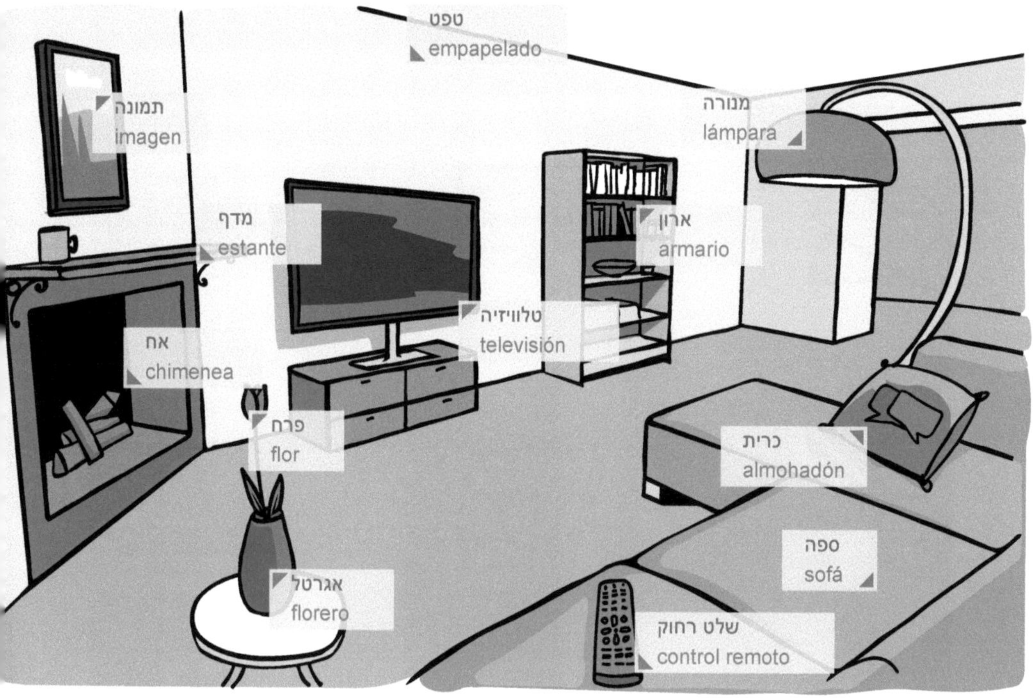

שטיח
alfombra

וילון
cortina

שולחן
mesa

כסא
silla

כיסא נדנדה
mecedora

כורסה
sillón

ספר

libro

שמיכה

frazada

דקורציה

decoración

עצי הסקה

leña

סרט

película

מערכת סטריאו

equipo de música

מפתח

llave

עיתון

diario

ציור

pintura

פוסטר

póster

רדיו

radio

מחברת

cuaderno

שואב אבק

aspiradora

קקטוס

cactus

נר

vela

מטבח
cocina

מקרר
heladera
מיקרוגל
microondas
balanza de cocina
טוסטר
tostadora
חומר ניקוי
detergente
תנור
horno
מקפיא
freezer
פח אשפה
tacho de basura
מדיח כלים
lavaplatos

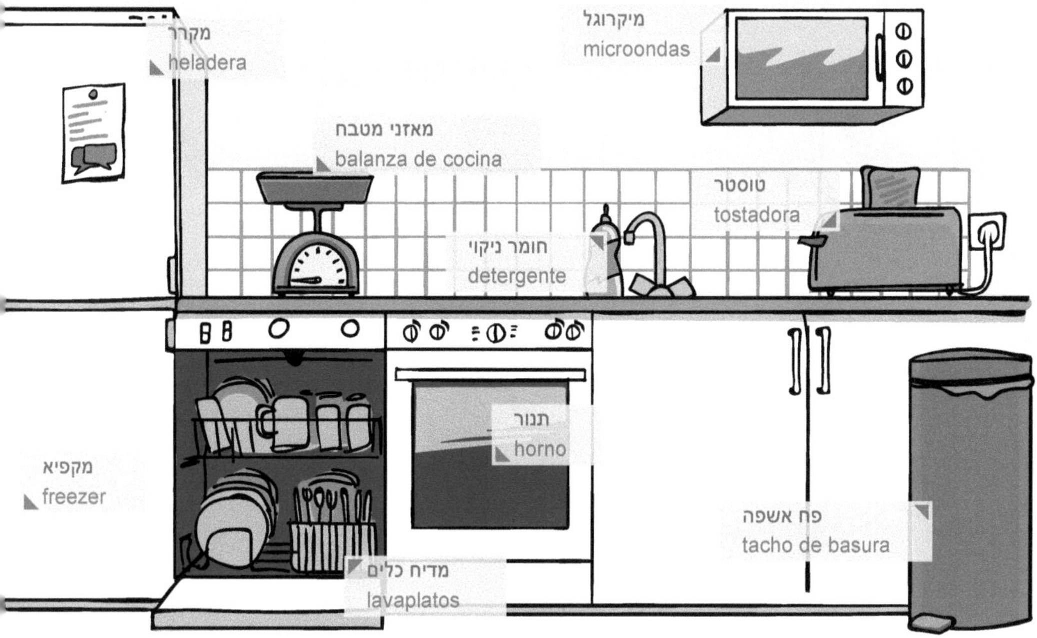

תנור

cocina

סיר

olla

סיר ברזל

olla de hierro fundido

ווק

wok

מחבת

sartén

קומקום חשמלי

pava

מאדה

vaporera

מגש אפייה

bandeja de horno

כלי אוכל

vajilla

ספל

taza

קערה

bol

צ'ופסטיקס

palitos

מצקת

cucharón

מרית

estpátula

מטרפה

batidora

מסננת בישול

colador

מסננת

colador

מגרדת

rallador

מכתש

mortero

גריל

parrilla

מדורה

fogata

קרש חיתוך

tabla de picar

מערוך

palo de amasar

פותחן פקקים

sacacorchos

פחית

lata

פותחן קופסאות

abrelatas

מטלית

manopla

כיור

pileta

מברשת

cepillo

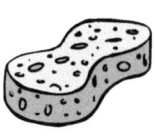

ספוג

esponja

בלנדר

batidora

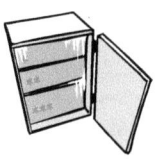

מקפיא

congelador

בקבוק לתינוק

mamadera

ברז

canilla

חדר אמבטיה

baño

חימום
calefacción
מגבת
toalla
מקלחת
ducha
וילון מקלחת
cortina de ducha
אמבטיית קצף
baño de espuma
אמבטיה
bañadera
מכונת כביסה
lavarropas
אריחים
baldosas
ברז
canilla
כוס
vaso
סיר לילה
pelela
כיור
pileta

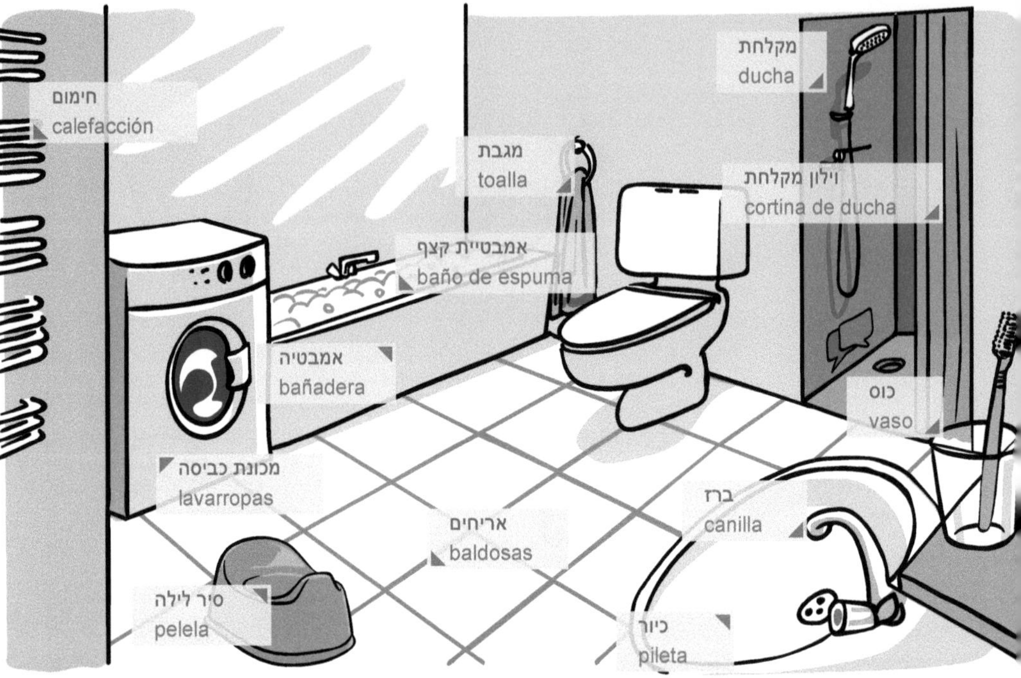

אסלה

inodoro

אסלת כריעה

letrina

בידה

bidé

משתנה

mingitorio

נייר טואלט

papel higiénico

מברשת אסלה

cepillo para el inodoro

חדר אמבטיה - baño

מברשת שיניים

cepillo de dientes

משחת שיניים

dentífrico

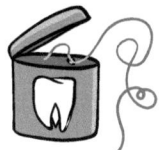

חוט דנטלי

hilo dental

שטף

lavar

מקלחת יד

ducha de mano

צינור שטיפה לשירותים

ducha higiénica

קערת רחצה

palangana

מברשת גב

cepillo para espalda

סבון

jabón

ג'ל רחצה

gel de ducha

שמפו

shampoo

ליפה

toallita

ניקוז

desagüe

קרם

crema

דיאודורנט

desodorante

מראה

espejo

מראת יד

espejito

סכין גילוח

maquinita de afeitar

קצף גילוח

espuma de afeitar

אפטרשייב

aftershave

מסרק

peine

מברשת

cepillo

מייבש שיער

secador de pelo

ספריי לשיער

spray

איפור

maquillaje

שפתון

lápiz de labios

לק

esmalte para uñas

צמר גפן

algodón

מספריים לציפורניים

tijera para uñas

בושם

perfume

תיק כלי רחצה

portacosméticos

שרפרף

banqueta

משקל

balanza

חלוק רחצה

bata

כפפות גומי

guantes de goma

טמפון

tampón

תחבושת סניטרית

toallita femenina

שירותים כימיקליים

baño químico

חדר ילדים

cuarto de los chicos

שעון מעורר
despertador
צעצוע חיבוק
peluche
מכונית צעצוע
coche de juguete
רעשן
sonajero
בית בובות
casa de muñecas
מתנה
regalo

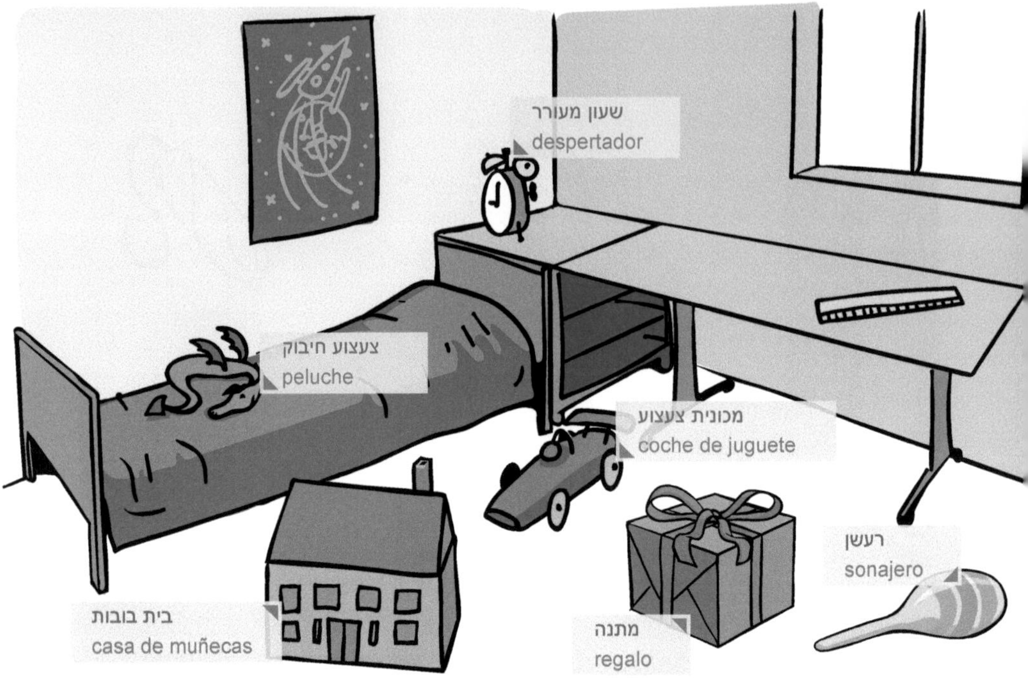

בלון
globo

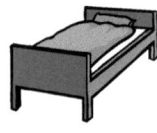

מיטה
cama

עגלה
cochecito

משחק קלפים
cartas

פאזל
rompecabezas

קומיקס
historieta

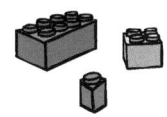

לגו

piezas de lego

קוביות משחק

ladrillos de juguete

דמות משחק

figura de acción

סרבל תינוקות

enterito (de bebé)

פריזבי

frisbee

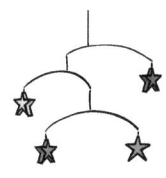

נייד

móvil para bebés

משחק לוח

juego de mesa

קוביה

dados

רכבת צעצוע

tren eléctrico

מוצץ

chupete

מסיבה

fiesta

אלבום תמונות

libro de cuentos ilustrado

כדור

pelota

בובה

muñeca

שיחק

jugar

ארגז חול

arenero

נדנדה

hamaca

צעצועים

juguetes

קונסולת משחקים

consola de videojuegos

אופניים תלת גלגלי

triciclo

דובון

osito de peluche

ארון בגדים

armario

בגדים

ropa

גרביים

medias

גרביונים

medias panty

גרביון

calzas

צעיף
bufanda

מטריה
paraguas

חולצת טי
remera

חגורה
cinturón

מגפיים
botas

נעלי בית
pantuflas

נעלי ספורט
zapatillas

סנדלים
....
sandalias

נעליים
....
zapatos

מגפי גומי
....
botas de goma

תחתונים
....
ropa interior

חזייה
....
corpiño

וסט
....
chaleco

גוף

body

מכנסיים

pantalones

ג'ינס

jeans

חצאית

pollera

חולצה מכופתרת

blusa

חולצה

camisa

אפודה

pulóver

סווצ'ר עם קפוצ'ון

buzo

בלייזר

blazer

ז'קט

campera

מעיל

tapado

מעיל גשם

piloto

תלבושת

traje

שמלה

vestido

שמלת כלה

vestido de novia

חליפה
traje

כותונת לילה
camisón

פיג'מה
pijama

סארי
sari

מטפחת ראש
pañuelo para cabeza

טורבן
turbante

בורקה
burka

קאפטן
caftán

עבאיה
abaya

בגד ים
traje de baño

בגד ים
short de baño

מכנסיים קצרים
shorts

בגד אימון
jogging

סינר
delantal

כפפות
guantes

כפתור

botón

משקפיים

anteojos

צמיד יד

pulsera

שרשרת

collar

טבעת

anillo

עגיל

aro

כובע

gorra

קולב

percha

כובע

sombrero

עניבה

corbata

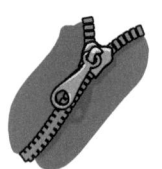

רוכסן

cierre

קסדה

casco

כתפיות

tiradores

תלבושת בית ספר

uniforme escolar

מדים

uniforme

מפית אוכל

babero

מוצץ

chupete

חיתול

pañal

משרד
oficina

שרת
servidor
תיקייה
archivero
מדפסת
impresora
נייר
papel
מסך
monitor
עכבר
mouse
שולחן עבודה
escritorio
תיק
carpeta
מקלדת
teclado
סל נייר
tacho (de basura)
מחשב
computadora
כסא
silla

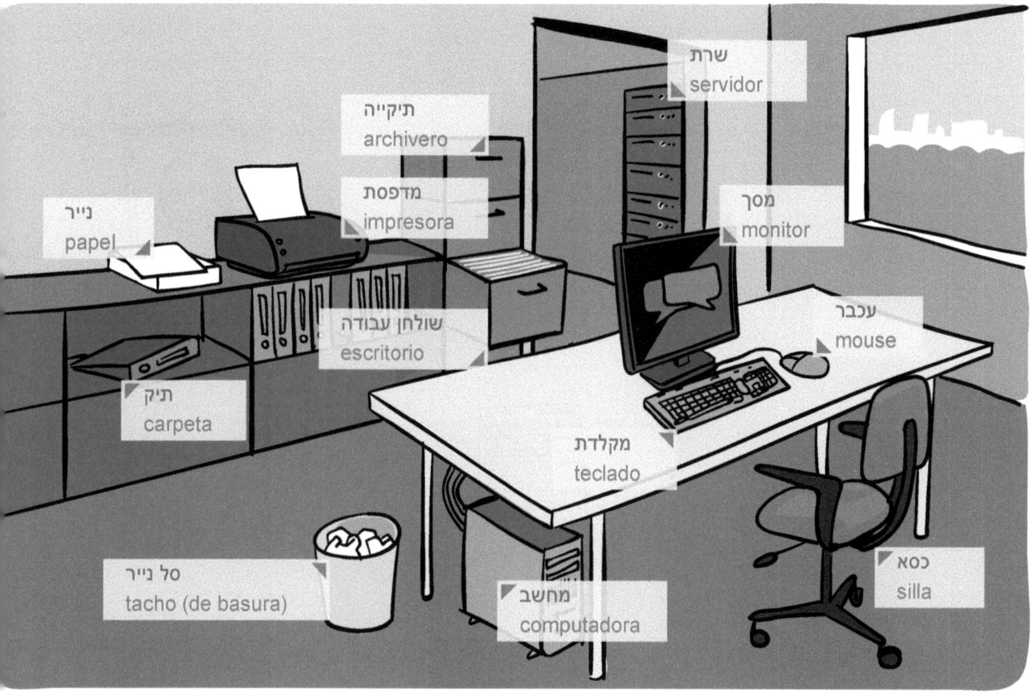

ספל קפה

taza de café

מחשבון

calculadora

אינטרנט

internet

מחשב נייד

laptop

מכתב

carta

הודעה

mensaje

נייד

celular

רשת

red

מכונת צילום

fotocopiadora

תוכנה

software

טלפון

teléfono

שקע

tomacorriente

פקס

fax

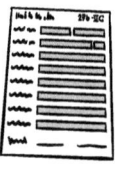

טופס

formulario

מסמך

documento

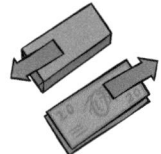

קנה

comprar

שילם

pagar

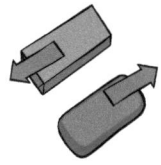

סחר

hacer negocios

כסף

dinero

USD

דולר

dólar

EUR

יורו

euro

JPY

ין

yen

RUB

רובל

rublo

CHF

פרנק שווייצרי

franco suizo

CNY

יואן רנמינבי

yuan

INR

רופי

rupia

כספומט

cajero automático

המרת מטבע

casa de cambio

זהב

oro

כסף

plata

נפט

petróleo

אנרגיה

energía

מחיר

precio

חוזה

contrato

מס

impuesto

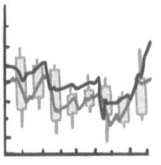

מנייה

acción

עבד

trabajar

עובד

empleado

מעסיק

empleador

מפעל

fábrica

חנות

negocio

מקצועות
ocupaciones

כבאי
bombero
שוטר
policía
טבח
cocinero
רופא
médico
טייס
piloto

גנן
jardinero

נגר
carpintero

תופרת
modista

שופט
juez

כימאי
farmacéutico

שחקן
actor

נהג אוטובוס

colectivero

נהג מונית

taxista

דייג

pescador

עובדת נקיון

mucama

מתקן גגות

techista

מלצר

mozo

צייד

cazador

צייר

pintor

אופה

panadero

חשמלאי

electricista

עובד בניין

albañil

מהנדס

ingeniero

קצב

carnicero

אינסטלטור

plomero

דוור

cartero

חייל

soldado

אדריכל

arquitecto

קופאי

cajero

מוכר פרחים

florista

ספר

peluquero

כרטיסן

cobrador

מכונאי

mecánico

קברניט

capitán

רופא שיניים

dentista

מדען

científico

רב

rabino

אימאם

imán

נזיר

monje

כומר

sacerdote

כלי עבודה
herramientas

פטיש
martillo
צבת
tenaza
מברג
destornillador
פנס
linterna
מפתח ברגים
llave

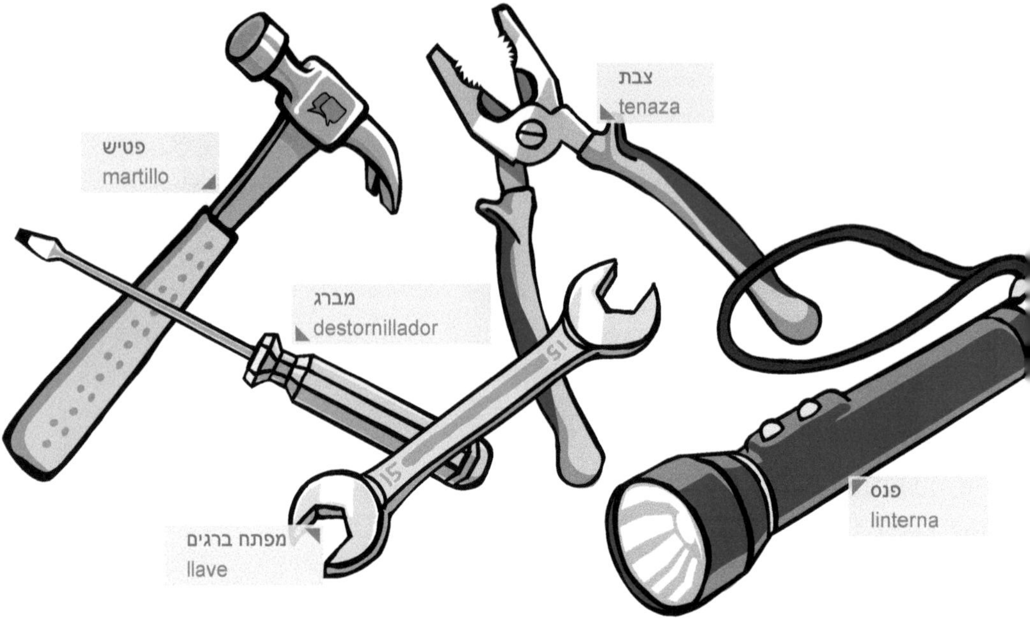

דחפור

excavadora

ארגז כלים

caja de herramientas

סולם

escalera portátil

מסור

sierra

מסמרים

clavos

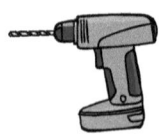

מקדחה

taladro

תיקן

arreglar

את חפירה

pala de jardín

לעזאזל!

¡Qué bronca!

יעה

pala de plástico

פח צבע

tacho de pintura

ברגים

tornillos

כלי נגינה

instrumentos musicales

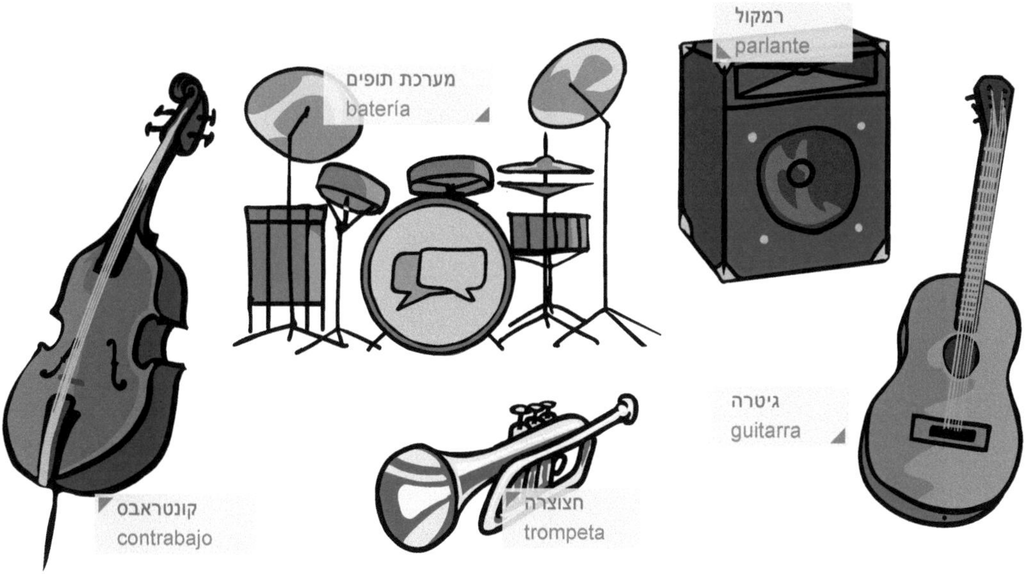

רמקול
parlante
מערכת תופים
batería
גיטרה
guitarra
קונטראבס
contrabajo
חצוצרה
trompeta

פסנתר

piano

כינור

violín

בס

bajo

תוף הדוד

timbales

תופים

tambor

מקלדת פסנתר

teclado

סקסופון

saxofón

חליל

flauta

מיקרופון

micrófono

גן חיות
zoológico

כניסה
entrada
נמר
tigre
כלוב
jaula
זברה
cebra
מזון לחיות
alimento para animales
פנדה
oso panda

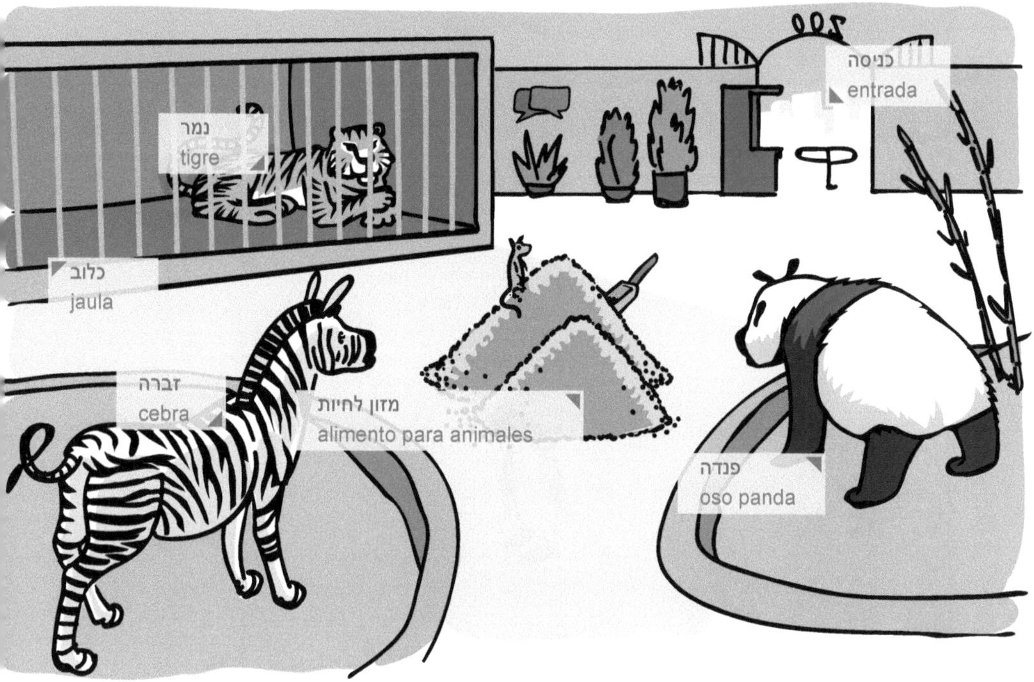

בעלי חיים

animales

פיל

elefante

קנגרו

canguro

קרנף

rinoceronte

גורילה

gorila

דוב

oso

גמל
....
camello

יען
....
avestruz

אריה
....
león

קוף
....
mono

פלמינגו
....
flamenco

תוכי
....
loro

דוב הקרח
....
oso polar

פינגווין
....
pingüino

כריש
....
tiburón

טווס
....
pavo real

נחש
....
serpiente

תנין
....
cocodrilo

שומר גן החיות
....
cuidador del zoológico

כלב ים
....
foca

יגואר
....
jaguar

סוס פוני

poni

לאופרד

leopardo

היפופוטאם

hipopótamo

ג'ירפה

jirafa

נשר

águila

חזיר בר

jabalí

דג

pescado

צב

tortuga

סוס ים

morsa

שועל

zorro

איילה

gacela

ספורט

deportes

פוטבול אמריקאי
fútbol americano
רכיבת אופניים
ciclismo
טניס
tenis
כדורסל
básquet
שחיה
natación
אגרוף
boxeo
הוקי
hockey sobre hielo

כדורגל

fútbol

בדמינטון

bádminton

אתלטיקה

atletismo

כדור-יד

handball

עשה סקי

esquí

פולו

polo

פעילויות
actividades

קפץ
saltar
חיבק
abrazar
צחק
reír
הלך
caminar
שר
cantar
חלם
soñar
התפלל
rezar
נשק
besar

כתב
escribir

צייר
dibujar

הראה
mostrar

דחף
presionar

נתן
dar

לקח
tomar

יש / להיות הבעלים

tener

עשה

hacer

היה

ser

עמד

estar parado

רץ

correr

משך

tirar

זרק

tirar

נפל

caer

שכב

estar acostado

חיכה

esperar

סחב

llevar

ישב

estar sentado

התלבש

vestirse

ישן

dormir

התעורר

despertar

הסתכל ב-

mirar

בכה

llorar

ליטף

acariciar

סירק

peinar

דיבר

hablar

הבין

entender

שאל

preguntar

שמע

escuchar

שתה

beber

אכל

comer

סידר

ordenar

אהב

amar

בישל

cocinar

נהג

manejar

עף

volar

שט
....
navegar

חישב
....
calcular

קרא
....
leer

למד
....
aprender

עבד
....
trabajar

התחתן
....
casarse

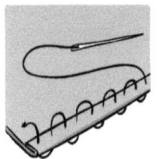

תפר
....
coser

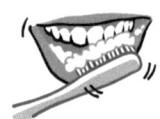

ציחצח שיניים
....
cepillarse los dientes

הרג
....
matar

עישן
....
fumar

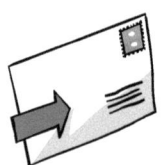

שלח
....
enviar

משפחה
familia

סבתא
abuela
סבא
abuelo
אבא
padre
אימא
madre
תינוק
bebé
בת
hija
בן
hijo

אורח

invitado

דודה

tía

דוד

tío

אח

hermano

אחות

hermana

גוף
cuerpo

מצח
frente
עין
ojo
כתף
hombro
אצבע
dedo
פנים
cara
סנטר
pera
כף יד
mano
חזה
pecho
רגל
pierna
זרוע
brazo

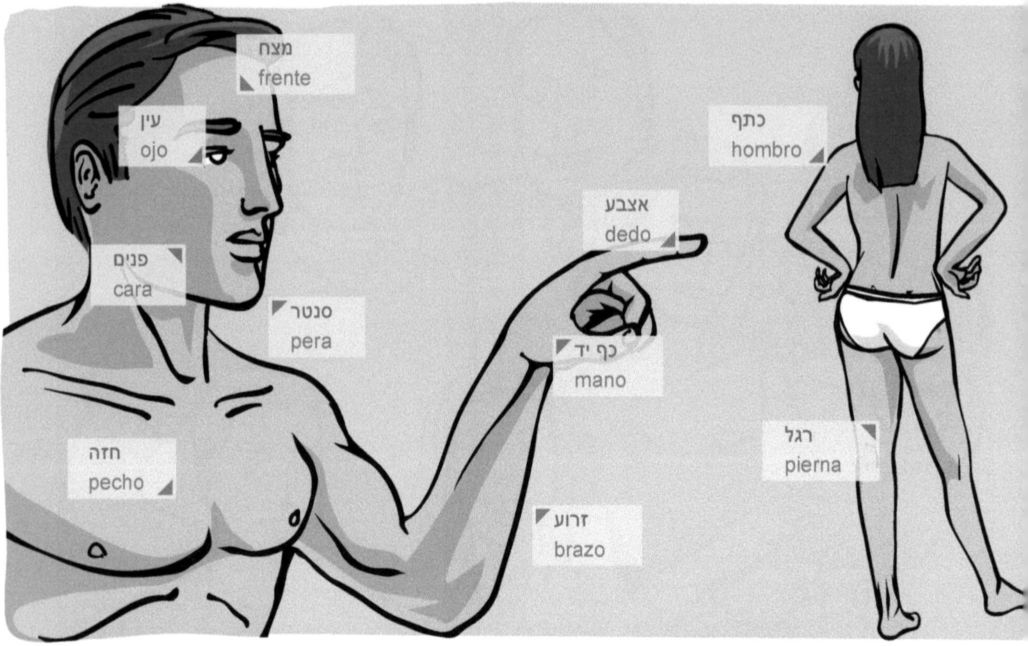

תינוק

bebé

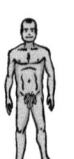

איש

hombre

אישה

mujer

ילדה

nena

ילד

nene

ראש

cabeza

גב
espalda

בטן
panza

טבור
ombligo

אצבע
dedo del pie

עקב
talón

עצם
hueso

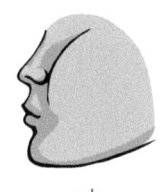

ירך
cadera

ברך
rodilla

מרפק
codo

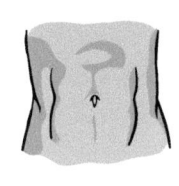

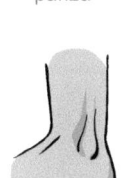

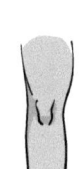

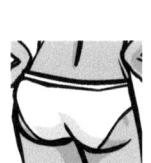

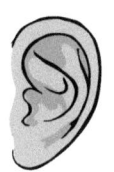

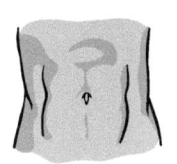

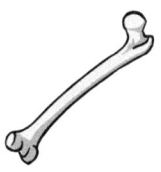

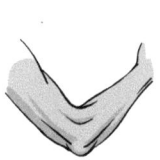

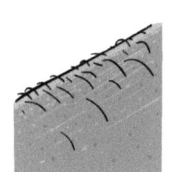

אף
nariz

עכוז
cola

עור
piel

לחי
cachete

אוזן
oreja

שפתיים
labio

פה

boca

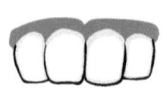

שן

diente

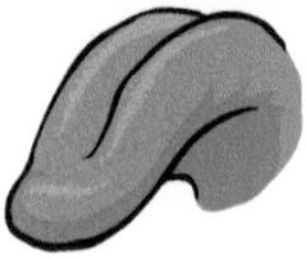

לשון

lengua

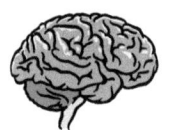

מוח

cerebro

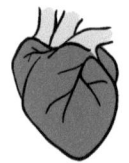

לב

corazón

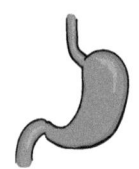

שריר

músculo

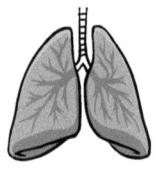

ריאה

pulmón

כבד

hígado

קיבה

estómago

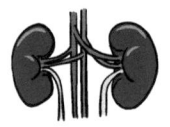

כליות

riñones

מין

sexo

קונדום

preservativo

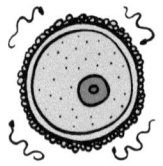

ביצית

óvulo

זרע

semen

הריון

embarazo

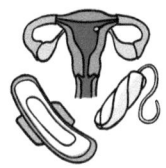

ווסת

menstruación

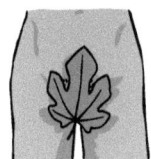

נרתיק

vagina

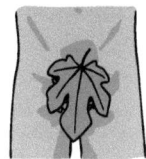

פין

pene

גבה

ceja

שיער

pelo

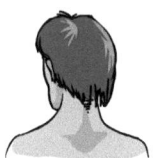

צוואר

cuello

בית חולים
hospital

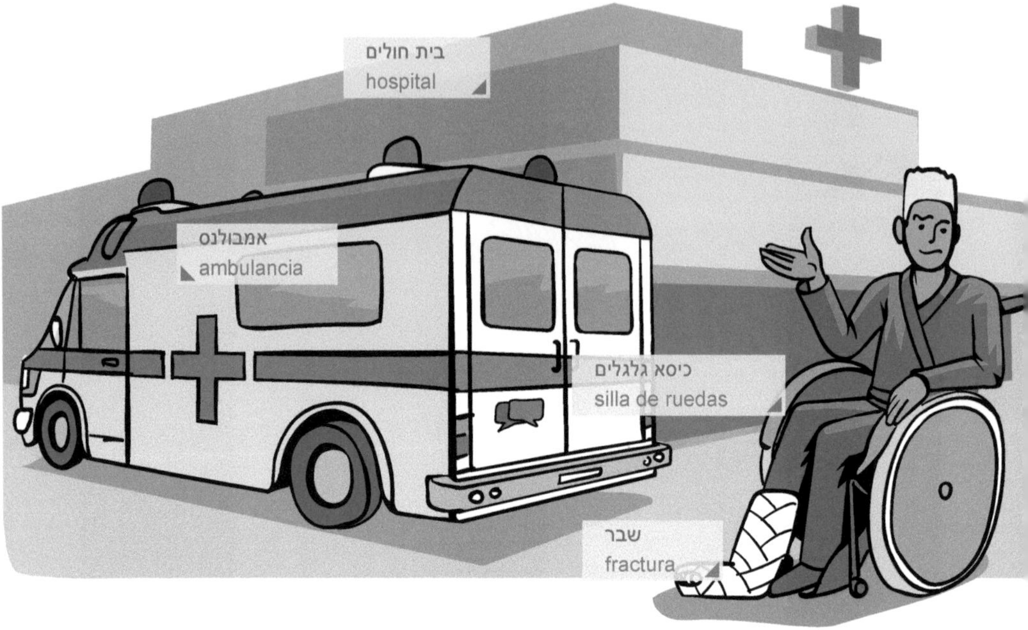

בית חולים
hospital
אמבולנס
ambulancia
כיסא גלגלים
silla de ruedas
שבר
fractura

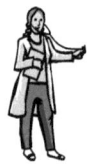

רופא

médico

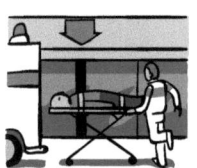

חדר מיון

sala de guardia

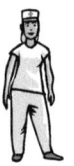

אחות

enfermera

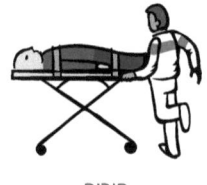

חירום

emergencia

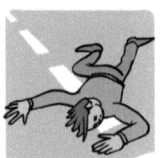

חסר הכרה

inconsciente

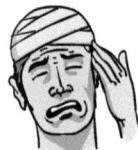

כאב

dolor

פציעה

lesión

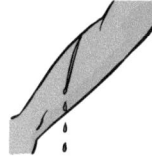

דימום

hemorragia

התקף לב

infarto

שבץ

ACV

אלרגיה

alergia

שיעול

tos

חום

fiebre

שפעת

gripe

שלשול

diarrea

כאב ראש

dolor de cabeza

סרטן

cáncer

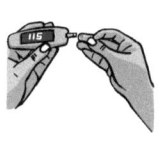

סוכרת

diabetes

מנתח

cirujano

אזמל

bisturí

ניתוח

operación

סי-טי

TC

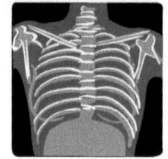

רנטגן

rayos x

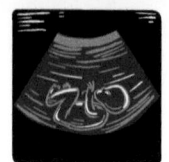

אולטרסאונד

ecografía

מסיכת פנים

barbijo

מחלה

enfermedad

חדר המתנה

sala de espera

קבה

muleta

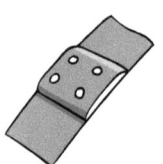

פלסטר

curita

תחבושת

venda

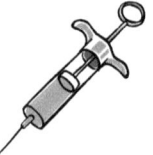

זריקה

inyección

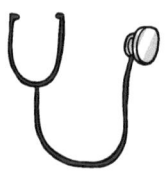

סטטוסקופ

estetoscopio

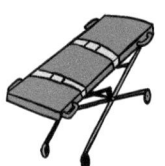

אלונקה

camilla

מד חום

termómetro

לידה

nacimiento

עודף משקל

sobrepeso

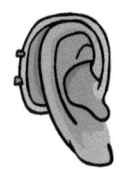

מכשיר שמיעה

audífono

מחטא

desinfectante

זיהום

infección

נגיף

virus

איידס

VIH / SIDA

תרופה

remedio

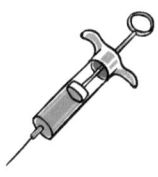

חיסון

vacunación

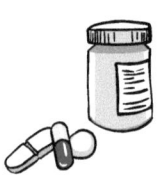

טבליות

comprimidos

גלולה

pastilla anticonceptiva

קריאת חירום

llamada de emergencia

מד לחץ דם

tensiómetro

חולה / בריא

enfermo / sano

הצילו!

¡Ayuda!

אזעקה

alarma

פשיטה

agresión

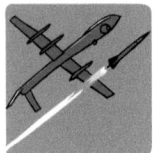

תקיפה

ataque

סכנה

peligro

יציאת חירום

salida de emergencia

אש!

¡Fuego!

מטף כיבוי

matafuego

תאונה

accidente

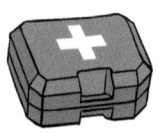

ערכת עזרה ראשונה

botiquín de primeros
auxilios

הצילו!

SOS

משטרה

policía

כדור הארץ
Tierra

אירופה

Europa

צפון אמריקה

América del Norte

דרום אמריקה

América del Sur

אפריקה

África

אסיה

Asia

אוסטרליה

Australia

האוקיינוס האטלנטי

Atlántico

האוקיינוס השקט

Pacífico

האוקיינוס ההודי

Océano Índico

האוקיינוס האנטרקטי

Océano Antártico

האוקיינוס הארקטי

Océano Ártico

הקוטב הצפוני

polo norte

הקוטב הדרומי

polo sur

אנטארקטיקה

Antártida

כדור הארץ

Tierra

אדמה

tierra

ים

mar

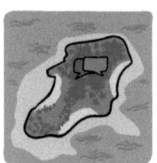

אי

isla

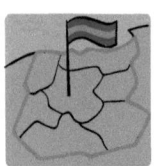

לאום

nación

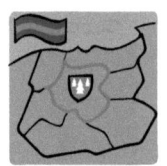

מדינה

estado

שעון
reloj

פני השעון

esfera

מחוג השעות

manecilla de las horas

מחוג הדקות

minutero

מחוג השניות

segundero

מה השעה?

¿Qué hora es?

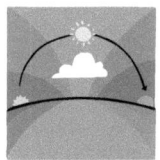

יום

día

זמן

hora

עכשיו

ahora

שעון דיגיטלי

reloj digital

דקה

minuto

שעה

hora

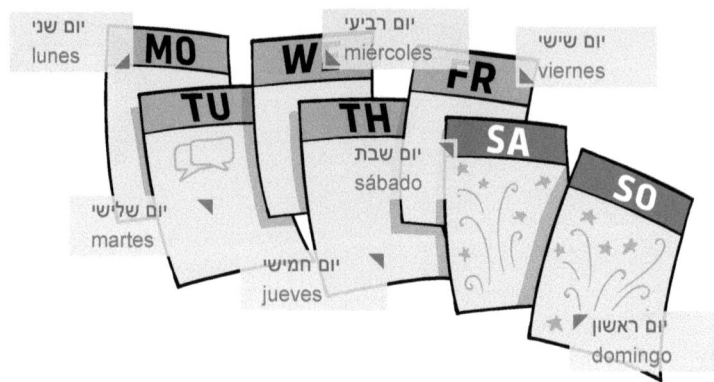

שבוע

semana

יום שני
lunes
MO
TU
W
יום רביעי
miércoles
TH
FR
יום שישי
viernes
SA
SO
יום שבת
sábado
יום שלישי
martes
יום חמישי
jueves
יום ראשון
domingo

1

אתמול

ayer

2

היום

hoy

3

מחר

mañana

בוקר

mañana

צהריים

mediodía

ערב

tarde

MO TU WE TH FR SA SU
1 2 3 4 5 6 7
8 9 10 11 12 13 14
15 16 17 18 19 20 21
22 23 24 25 26 27 28
29 30 31 1 2 3 4

ימי עבודה

días hábiles

MO TU WE TH FR SA SU
1 2 3 4 5 6 7
8 9 10 11 12 13 14
15 16 17 18 19 20 21
22 23 24 25 26 27 28
29 30 31 1 2 3 4

סוף שבוע

fin de semana

שנה
año

קשת בענן
arco iris
גשם
lluvia
שלג
nieve
רוח
viento
אביב
primavera
סתיו
otoño
קיץ
verano
חורף
invierno

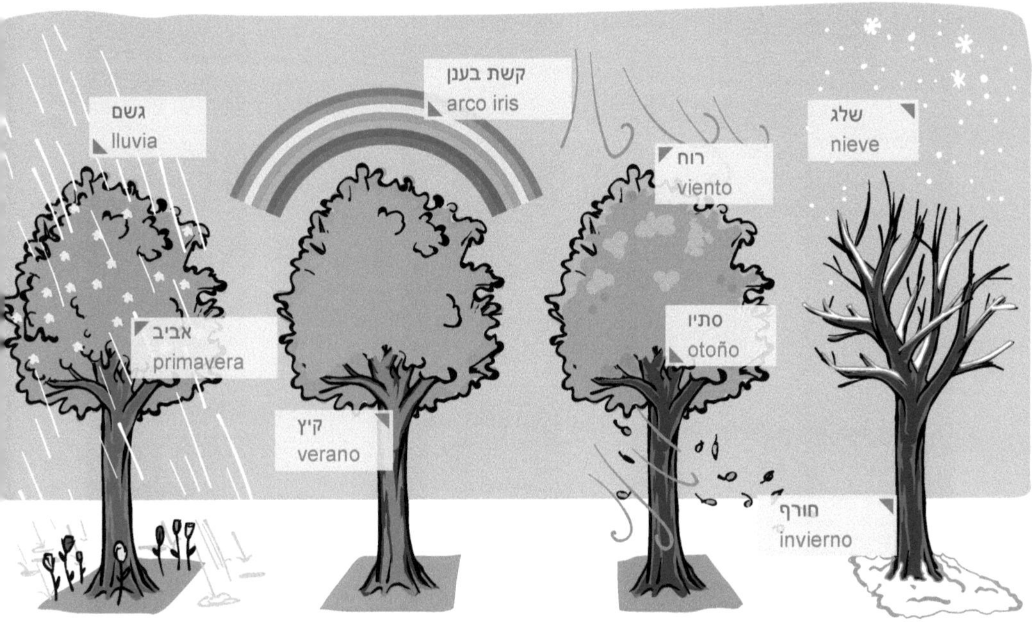

תחזית מזג האוויר

pronóstico meteorológico

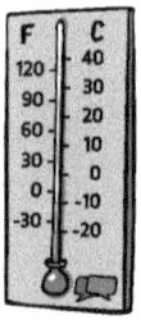

מד חום

termómetro

אור שמש

luz del sol

ענן

nube

ערפל

niebla

לחות

humedad

ברק

rayo

רעם

trueno

סערה

tormenta

ברד

granizo

רוח עונתי

monzón

שיטפון

inundación

קרח

hielo

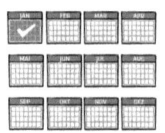

ינואר

enero

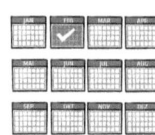

פברואר

febrero

מרץ

marzo

אפריל

abril

מאי

mayo

יוני

junio

יולי

julio

אוגוסט

agosto

שנה - año

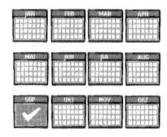

ספטמבר

septiembre

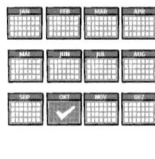

אוקטובר

octubre

נובמבר

noviembre

דצמבר

diciembre

צורות

formas

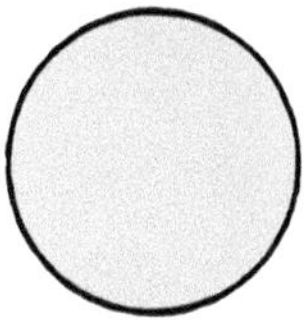

עיגול

círculo

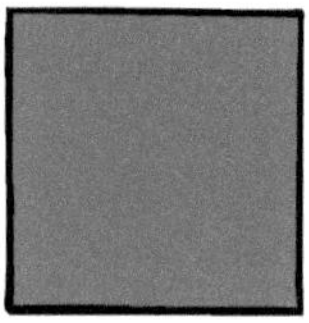

מרובע

cuadrado

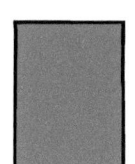

מלבן

rectángulo

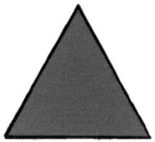

משולש

triángulo

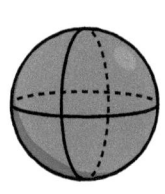

כדור

esfera

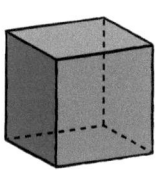

קובייה

cubo

צבעים
colores

לבן

blanco

צהוב

amarillo

כתום

naranja

ורוד

rosa

אדום

rojo

סגול

violeta

כחול

azul

ירוק

verde

חום

marrón

אפור

gris

שחור

negro

הפכים
opuestos

הרבה / מעט

mucho / poco

כועס / רגוע

enojado / tranquilo

יפה / מכוער

lindo / feo

התחלה / סוף

principio / fin

גדול / קטן

grande / chico

בהיר / כהה

claro / oscuro

אח / אחות

hermano / hermana

נקי / מלוכלך

limpio / sucio

שלם / חלקי

completo / incompleto

יום /לילה

día / noche

מת / חי

muerto / vivo

רחב / צר

ancho / angosto

אכיל / לא אכיל

comestible / no comestible

רשע / טוב לב

malo / amable

מתרגש / משועמם

entusiasmado / aburrido

שמן / רזה

gordo / flaco

ראשון / אחרון

primero / último

חבר / אויב

amigo / enemigo

מלא / ריק

lleno / vacío

קשה / רך

duro / blando

כבד / קל

pesado / liviano

רעב / צמא

hambre / sed

חולה / בריא

enfermo / sano

בלתי-חוקי / חוקי

ilegal / legal

נבון / טיפש

inteligente / estúpido

שמאל / ימין

izquierda / derecha

קרוב / רחוק

cerca / lejos

חדש / משומש

nuevo / usado

כלום / משהו

nada / algo

זקן / צעיר

viejo / joven

פעיל / כבוי

encendido / apagado

פתוח / סגור

abierto / cerrado

שקט / רועש

silencioso / ruidoso

עשיר / עני

rico / pobre

נכון / שגוי

correcto / incorrecto

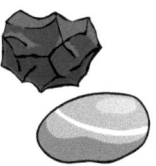

מחוספס / חלק

áspero / suave

עצוב / שמח

triste / contento

קצר / ארוך

corto / largo

איטי / מהיר

lento / rápido

רטוב / יבש

mojado / seco

חם / קר

caliente / frío

מלחמה / שלום

guerra / paz

מספרים
números

0	1	2
אפס	אחת	שתיים
cero	uno	dos
3	4	5
שלוש	ארבע	חמש
tres	cuatro	cinco
6	7	8
שש	שבע	שמונה
seis	siete	ocho
9	10	11
תשע	עשר	אחת-עשרה
nueve	diez	once

12
שתים-עשרה
doce

13
שלוש-עשרה
trece

14
ארבע-עשרה
catorce

15
חמש-עשרה
quince

16
שש-עשרה
dieciséis

17
שבע-עשרה
diecisiete

18
שמונה-עשרה
dieciocho

19
תשע-עשרה
diecinueve

20
עשרים
veinte

100
מאה
cien

1.000
אלף
mil

1.000.000
מיליון
millón

שפות
idiomas

אנגלית

inglés

אנגלית אמריקאית

inglés americano

סינית מנדרינית

chino mandarín

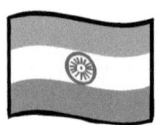

הודית

hindi

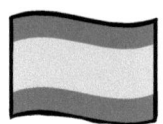

ספרדית

español

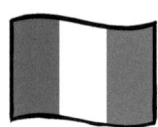

צרפתית

francés

ערבית

árabe

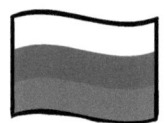

רוסית

ruso

פורטוגזית

portugués

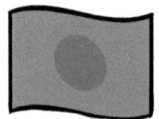

בנגלית

bengalí

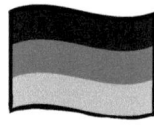

גרמנית

alemán

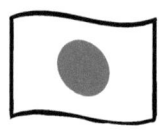

יפנית

japonés

מי / מה / איך
quién / qué / cómo

אני

yo

אתה / את

vos

הוא / היא / זה

él / ella

אנחנו

nosotros

אתם

ustedes

הם

ellos

מי?

¿quién?

מה?

¿qué?

איך?

¿cómo?

איפה?

¿dónde?

מתי?

¿cuándo?

שם

nombre

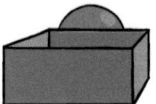

איפה
dónde

מאחור

detrás

בתוך

en

לפני

adelante de

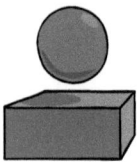

מעל

por encima de

על

sobre

מתחת

debajo de

ליד

al lado de

בין

entre

מקום

lugar